Steffen Schneider

Mit Mut, Mörtel und ohne Millionen

Schöner wohnen mit den Gutshausrettern

HINSTORFF NDR FERNSEHEN

Bewunderung und Unglauben

Meine Güte, das sieht ja aus wie ein Rembrandt", murmelt mir Kameramann Axel Schneppat zu. Wir schauen beide in den kleinen Kontroll-Monitor. Das Licht im Raum ist gedämpft, Kerzen flackern, ein Kaminofen bullert. Ein abgewetzter, grob gefügter Holztisch, eine Schale mit Äpfeln, Ocker- und Gelbtöne an einer verwaschenen Wand. Ein bärtiger Mann sitzt in einem dicken graugrünen Rollkragenpullover auf einer schmalen Bank. Es ist Ronald van der Starre, Eigentümer des Gutshauses Dölitz, das bis vor einigen Jahren nicht mehr als eine vergessene, zugewachsene Ruine war. Wir richten das Interviewbild ein. Die Fenster sind verhängt. Zwei Spots setzen ein Streiflicht. Mehr nicht. Es ist wie immer in diesen Häusern. Die perfekte Kulisse ist schon da. Und die charismatischen Protagonisten sind es auch.

Von Anfang hat mich diese Mixtur in den Bann gezogen: die gewaltigen, teils düsteren Häuser mit ihren ausgetretenen knarzenden Treppen, den abgewetzten Steinfußböden und den verwaschenen Farben an den Wänden. Verloren geglaubt, aber nun bewohnt von sehr besonderen Charakteren. Ich erinnere mich an das erste Zusammentreffen mit Knut Splett-Henning und Christina von Ahlefeldt in Rensow an einem nebligen Herbstabend im November 2012 – ich fühlte mich, als wäre ich mit einer Zeitmaschine in einer anderen Epoche gelandet. Dreihundert Jahre zurück. Knut und Christina schenkten Rotwein ein, es gab einen Braten zu essen und Gemüse aus dem Ofen. Alles in der gemütlichen, mittelalterlich anmutenden Küche. „Spätbarock!“, korrigierten mich die beiden. Dann fragte Knut nach dem Konzept für den Film, dessen erster Drehtag hier

stattfinden sollte. Ich konnte nur schulterzuckend antworten: „Es gibt kein Konzept! Aber lasst uns einfach mal anfangen." Mit den Kameraleuten Florian Melzer, Jörg Hammermeister und Ralf Biehler aus Hamburg drehte ich dann die ersten Gutshaus-Geschichten in meiner Heimat Mecklenburg.

Niemand konnte an den ersten Drehtagen ahnen, wie erfolgreich der gerade entstehende Film einmal sein sollte, der neun Monate später so viel Anklang bei den Zuschauerinnen und Zuschauern fand, dass der NDR eine Fortsetzung beschloss; dass dieser ersten Fortsetzung acht weitere folgen sollten; dass ein Begleitbuch entstand, dann ein zweites – und jetzt auch noch dieses dritte vollendet ist; und dass das Ganze vielleicht noch eine Weile so weitergehen wird ...

Denn das große Glück für mich als Filmemacher ist, dass sich aus der ersten Begegnung mit Knut und Christina immer neue Erzählstränge mit immer neuen wagemutigen „Schlossgeistern" ergeben sollten. Die beiden halten mittlerweile ein Netzwerk von Gutshausverrückten zusammen, eine illustre Szene ist entstanden, die immer neuen Erzählstoff liefert. Und vor allem haben sie alle an ihrem Lebensprojekt festgehalten, ein viel zu großes, viel zu kaputtes Gutshaus zu erhalten und zu bewohnen. Sonst wäre diese Serie nie das geworden, was sie inzwischen wohl ist: Kult!

Aber auch andersherum haben die Gutshausretter Glück mit der Medienpräsenz: „Mut & Mörtel“ zieht immer neue Enthusiasten nach Mecklenburg-Vorpommern, die sich unsere Protagonisten zum Vorbild nehmen und ihren Traum vom Landleben im Gutshaus Wirklichkeit werden lassen wollen. Die Szene wird immer größer. Alte Gutshäuser werden langsam knapp. Knut und Christina in Rensow kommen kaum noch hinterher, Fanpost und Fachfragen zu beantworten. Unsere Gutshausretter sind zu kleinen Stars geworden. Sie geben Autogramme, werden auf der Straße und beim Bäcker von Fremden angesprochen. Die Filmreihe „Mit Mut, Mörtel und ohne Millionen“ wird auch im Netz Millionen Mal angeklickt.

Die Anziehungskraft dieser Menschen und ihrer Geschichten speist sich für mich, wie auch sicher für viele, die die Filme anschauen oder die Bücher lesen, aus einer Mischung aus Bewunderung und Unglauben: Wie man so etwas durchhalten kann?! Wie schön es sein kann und wie schrecklich?! Romantische Räume im Kerzenschein und brutale Baukatastrophen. Das Monströse und das Magische der Herrenhäuser – die schon so viel erlebt haben. Und der Mut der Gutshausretter, diese Haus-Lebensgeschichten weiterzuführen und baukulturelles Erbe zu erhalten. Die Denkmalbehörden im Land hätten allen Grund zum Jubeln.

Und auch für uns Fernseh-Leute ist dieser Erzähl-Stoff, der sich aus der Wirklichkeit speist, ein großes Geschenk. Zusammen mit der betreuenden Redakteurin Birgit Müller und den Produzenten Wiebke und Roland Possehl formen wir aus mittlerweile hunderten Stunden Drehmaterial jedes Jahr eine neue Folge von „Mit Mut, Mörtel und ohne Millionen“. Viele Tage im Schneideraum bringen dabei eine Art Brühwürfel hervor: die komprimierte Version eines ganzen Jahres bei den Gutshausrettern.

Steffen Schneider

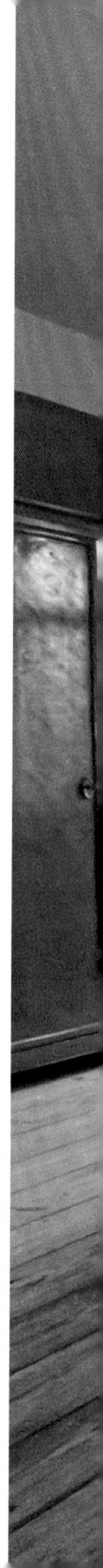

Apropos Millionen –

geht das alles wirklich so ganz ohne … ?

Christina von Ahlefeldt und Knut Splett-Henning

Sönke Johannsen und Adriana Acosta

Sönke Johannsen:

„Mittlerweile kommt auch viel rein durch die Gäste, aber das geht eigentlich zu 100 Prozent wieder ins Haus zurück. Wenn du das alles zusammenzählst, dann ist es sicherlich eine Million."

Knut Splett-Henning:

„Die Millionen – also ich habe sie bisher noch nicht gefunden. Wir haben keine großen Kredite bekommen oder große Erbschaften erhalten. Wenn man jetzt ausrechnen würde, was man jeden Tag an Zeit verbringt mit dem Haus, dann schafft man da schon Werte. Aber diese sind nicht entstanden, indem wir Geld bekommen haben, sondern primär durch den Fleiß von Christina."

Philipp und Paula Kaszay

Philipp Kaszay:

„Es gab mal diese Zahl von Minimum 1000 Euro pro Quadratmeter, um so einen Bau wieder in einen halbwegs bewohnbaren Zustand zu bekommen. Wenn wir jetzt bei meinem Haus von ungefähr 1000 Quadratmetern Fläche ausgehen, dann kommt man ganz schnell auf die Million. Ich habe viel selber gemacht in den letzten Jahren, aber ich habe bestimmt, wenn man es überschlägt, hier auch eine Million investiert – über die zehn Jahre."

Ronald van der Starre:

„Wenn das Haus irgendwie mal in Richtung Fertigstellung rutscht, hat man wahrscheinlich locker mindestens eine Million verbaut. Und vielleicht setzt man sich am Ende hin, resümiert und denkt dann: Hätte ich mal … Dann hätte ich jetzt ein schönes Vorstadt-Häuschen für zwei Millionen."

Ronald van der Starre

Nina Hollensteiner und Albrecht Pischel

Nina Hollensteiner:

„Ich denke, dass es eher eine Frage ist, über welchen Zeitraum man das Geld ausgibt. Es ist ein Millionenprojekt."

Die exzentrischen Entdecker von Rensow

Knut Splett-Henning:

„Mut ist nicht das Wichtigste, sondern das Wichtigste ist, dass man verrückt ist.“

Christina von Ahlefeldt, Knut Splett-Henning sowie ihre Kinder Wilhelmine und Bendix

***Bendix:** „ ... wie alle früher jung aussahen.“*

Das Gutshaus von Rensow sollte zuerst nur ein Domizil für den Sommer werden. Als Ausgleich zur hektischen Großstadt. Aber der über 300 Jahre alte Bau hat das ganze Leben von Knut Splett-Henning und Christina von Ahlefeldt verändert.

Er wurde ihre Heimat.

Feriengäste kommen erstmals 2009. Das Haus soll mit der Vermietung die junge Familie ernähren. Ein gewagtes Konzept, mitten auf dem platten Land. Und mit einer Neugeborenen ... Später wird hier niemand mehr ahnen, dass das Haus mal eine Katastrophe war. Kalt und verwahrlost.

Knut Splett-Henning: *„Es gab hier im frühen 19. Jahrhundert fahrende Schäfer, die in der Gegend umherzogen, dann von Gut zu Gut gingen und die Schafe geschoren haben."*

Einigermaßen bewohnbar haben sie es in wenigen Monaten, vorzeigbar ist es nach ein paar Jahren – aber fertig wird es nie.
Im Haus gibt es am Anfang nur zwei gut geheizte Räume. Das Wohnzimmer und die Küche.

Die Gutshausküche ist bis heute der Treffpunkt – auch für andere Gutshausretter.

Die junge Familie in Rensow versuchte sich 2012 noch als Selbstversorger. Mit damals schon zwei Kindern.

***Christina von Ahlefeldt:** „Wir hatten wie jeder Stadtmensch die Vorstellung, zwar nicht gleich Selbstversorger zu sein, aber unsere eigenen Kartoffeln, unser eigenes Gemüse zu haben."*

***Knut Splett-Henning:** „Das hat auch sehr, sehr viel Spaß gemacht, aber am Ende stellt man als Städter natürlich fest, das ist auch viel Arbeit, das schafft man alles nicht."*

***Ronald van der Starre:** „So richtig geklappt hat das, glaub ich, damals [bei Knut und Christina] nicht, aber es war einen Versuch wert. Ich weiß auch nicht, wo die Zeit herkommen soll. Die hat man eigentlich nicht, wenn man sich um das Haus und um Vermietung und was weiß ich alles kümmern muss. Wann soll man das auch noch machen?"*

***Philipp Kaszay:** „Den Traum vom Landleben, wie es sich ein Innenstädter vorstellt ... bis er dann mal auf dem Land war und weiß, dass das alles nicht so ist, wie es in Träumen wirkt. Irgendwann hat Knut dann festgestellt, dass, wenn er jede Woche mindestens einmal für 20 bis 30 Leute kocht, die paar Kartoffeln nicht reichen. Dann braucht man halt mehr Kartoffeln."*

***Sönke Johannsen:** „Jetzt fährt er selbst zu Netto. Man kann das Rad nicht immer neu erfinden, andere Leute machen's besser als ich, also Kartoffeln ernten zum Beispiel. Wenn man nicht alle Maschinerie dafür hat, ist es eher so eine Art Zeitvertreib."*

Aber der Acker ist der Abenteuerspielplatz für die beiden Kinder Wilhelmine und Bendix.

Christina von Ahlefeldt und Knut Splett-Henning: *„Wir haben noch eine ganze Weile lang auf der Baustelle gewohnt … und wohnen immer noch auf einer Baustelle. Ich glaube, für die Kinder ist es gut. Du kannst auf den Fußboden malen, Nägel in die Wände hauen.“*

Das Dach macht Sorgen. Knut und Christina haben lange verdrängt, dass da oben noch eine gewaltige Baustelle auf sie wartet. 2018 beschließen sie: Wenn sie das Dach mit viel Aufwand sanieren, soll direkt darunter wenigstens noch Wohnraum entstehen.

Über 400 Quadratmeter Fläche, sechs Meter hoch. Hier oben würden zwei Einfamilienhäuser hineinpassen.

Die Dachdecker kommen, sechs Monate später beenden sie ihre Arbeit. Kaum sind sie abgereist, zieht die Familie auf den Boden. Viel Platz – im Unfertigen.

Wenn da nicht die Hitze wäre ...

***Wilhelmine und Bendix:** „Im Sommer ist es im Gutshaus fast schlimmer, besonders hier oben wird's halt sehr warm, hat man eine halbe Sauna. Dann geht man mal in den Keller, da ist es kurz wie Winter. Im Winter ist es einfacher, zieht man einen Pullover über.“*

Die Fassade haben Knut und Christina auch gleich neu gestrichen. Mit Naturpigmenten und Kalkfarbe aus Dänemark.
Gutshaus Rensow wirkt wie aus einer anderen Welt. Aber nur unten – wo die Gäste residieren dürfen. Oben, unter dem Dach, ist Dauer-Baustelle, Spielplatz und Familienversteck.

***Christina von Ahlefeldt:** „Dadurch, dass es hier vom Stil und von der Art etwas komplett anderes ist als in den Räumen unten, lebt man plötzlich in einer anderen Welt und hat dann auch seine Rückzugsorte. Hier oben haben wir unser eigenes kleines Universum."*

***Knut Splett-Henning:** „Wir wollten eigentlich nie nach oben, aber ich finde, es ist gut hier, und ich glaube, das schadet dem Haus nicht, dass wir hoch ziehen. Das war natürlich die Überlegung: Keine Gäste hier oben – das ist nur für uns."*

***Christina:** „Eigentlich war auch nie geplant, dass das Haus fertig wird … wir wohnen in einem Teil unten und der Rest bleibt Ruine, warum nicht? Das muss doch gar nicht fertig sein … Aber du brauchst eine Form von Belohnung, dass du die Fortschritte sehen kannst, sonst bist du frustriert, wenn du nicht diese – wie sagt man – ‚Wow-Momente' hast."*

Auch im Sommer machen Schafe Arbeit.

Kalte Winter können eine harte Zeit sein - auf dem Land. Vor allem, wenn man noch Tiere zu versorgen hat. Knut und Christina bauen anfangs nicht nur Kartoffeln an – sie halten sich auch einige Fleischlieferanten.

Knut Splett-Henning (2013): *„Eigentlich sind sie so ein bisschen Rasenmäher auf vier Beinen. Ab und zu verlässt uns das ein oder andere Schaf und kehrt dann leider in einem anderen Aggregatzustand zurück … als Wurst.“*

Philipp Kaszay (2023): *„Die Schafe sind dauernd abgehauen. Man musste sie ständig irgendwo wieder einsammeln. Wir waren einmal zu dritt abends im Winter in Rostock auf einem Weihnachtskonzert und kamen in der Dunkelheit zurück nach Rensow: Die Schafe liefen durchs ganze Dorf, man musste sie wieder einfangen. Christina mit Kleid und schicken Schuhen den Schafen hinterher – ein Riesendurcheinander. Ich meinte dann für mich: Nein, ich investiere lieber in einen Rasenmäher als in Schafe.“*

Knut Splett-Henning (2023): *„Wir hatten tatsächlich mal einen Schrieb vom Amt, unsere Tiere seien eine Gefahr für die öffentliche Sicherheit und Ordnung!“*

Überhaupt wird im malerischen Gutshaus von Rensow in all diesen Zeiten hart gearbeitet, zuweilen gestritten und manchmal auch vor Erschöpfung geweint. Es ist immer mal wieder von allem zu viel.

Stunde um Stunde verbringt Knut an seinem Laptop: Gäste wollen Zimmer buchen, Denkmalämter fordern ausgefüllte Formulare und der E-Mail-Posteingang quillt über mit Anfragen von begeisterten Gutshausfans, die vom Landleben in Mecklenburg träumen und vom eigenen Renovierungsprojekt.

Knut Splett-Henning und Christina von Ahlefeldt: *„Wir hören so viel über Menschen mit Ideen: Permakultur, Selbstversorgung und dies und das. Die haben einen Burnout in ihrem normalen Leben und deshalb wollen die das Leben auf dem Lande führen. Und die denken …“*

„… wenn selbst zwei Vollidioten wie Knut und Christina das schaffen, dann muss das doch für gut organisierte Menschen eine Leichtigkeit sein. Die müssen das doch dreimal so gut können wie wir.“
„Und das ist ernst gemeint. Du glaubst nicht, wie oft man so etwas mitbekommt.“

Knut ist schon lange ein Fan antiker Möbel: Sammelthema Spätbarock.

Knut Splett-Henning: *„Die Bewohner, also unsere Gäste, benutzen die Möbel natürlich auch. Die sind nicht immer unbedingt so praktisch wie neue Möbel, aber haben dafür eine etwas interessantere Atmosphäre."*

Hinzu kommt Christina von Ahlefeldts Händchen für Dekoration. Sie hat es im Blut. Gutshaus Rensow wird innen immer opulenter. Knut und Christina stöbern gern auf Flohmärkten.

Philipp Kaszay: *„Es gibt so viele schöne Dinge, zu denen man nicht nein sagen kann. Und das ist eben auch das Schöne, im Laufe der Jahre mitzubekommen, wie Rensow ein Gesamtkunstwerk geworden ist – und nicht einfach nach dem Motto: Ich modelliere ein Haus und stelle einen Wohnraum her. Nein: Das ist ein Gesamtkunstwerk!"*

Der etwas exzentrische Lebensstil von Knut und Christina elektrisiert die Medienwelt. Die Presse macht sich auf in die Provinz und berichtet begeistert aus Rensow. Erst kommen die Reisejournalisten – aber schnell sind Knut und Christina für viele andere Themen gut: Kochen und Braten, Partnerschaft und Achtsamkeit, Landlust und Lebenskrisen.
Artikel über beide finden sich überall, in Zeitungen, in den großen Magazinen. Auch international.

Knut Splett-Henning:
„Sehr schön war ein Artikel in der dänischen Zeitschrift ‚Politiken‘: ‚Gutshausbesitzer in Hängearsch-Hosen‘.“

Christina von Ahlefeldt: *„Das stimmt auch!“*

Knut : *„Aber der Artikel ist schon aus dem Jahr 2012 …“*

Christina: *„… die Hosen hängen immer noch! Aber das ist ja auch okay, das ist ehrlich, so sind deine Hosen.“*

Die Präsenz in der Presse zieht einen gewissen Personenkreis an – der auch von einem Gutshaus träumt.

Philipp Kaszay: *„Ich bin auf Knut und Christina gekommen, weil ich von ihnen und ihrem Projekt in zwei Zeitschriften gelesen hatte. Ich fand's halt schön, weil sonst ja immer Leute mit viel Geld an so eine Hütte rangingen – und da waren es welche, die es aus sich raus gemacht haben. Und weiter machten. Denn es gab ja auch genügend Rückschläge.“*

xx | yy

Es bleibt nicht bei Rensow allein.

Schon früh sind es andere verlassene Gutshäuser in der Umgebung, die Knut und Christina entdecken. Und nicht nur entdecken – sie erwerben sie und beginnen mit der Rettung.

Knut Splett-Henning: *„Wenn uns jemand gesagt hat, das wird nichts oder das können wir nicht, dann mussten wir das schaffen. Das hat uns noch mehr motiviert.“*

Christina von Ahlefeldt: *„Wenn die Leute uns gesagt haben, das kannst du nicht machen, dann mussten wir es machen!“*

Knut: *„Das tut einem ja leid, wenn da so eine Bude steht und diese immer weiter zerfällt.“*

Christina: *„Im Prinzip gehen die Häuser immer weiter kaputt.“*

Knut: *„Ich würde vielleicht nicht sagen, dass uns ein Retter-Syndrom antreibt, es ist eher ein Entdecker-Syndrom. Es war wirklich immer sehr schön, etwas zu entdecken, nicht zu wissen, was man findet.“*

Am Gutshaus in Gehren entdecken die beiden unter vierzig Jahre altem Zementputz eine dreihundert Jahre alte Fachwerkfassade. Solche Erlebnisse treiben sie an.

***Wilhelmine:** „Ich finde es spannend, immer wieder auf diese Weise Geschichte mitzuerleben. Man kommt da hin, erblickt das Haus und denkt: Ja, o. k., das Haus sieht ein bisschen tot aus, langweilig. Und dann hilft man dabei, Wände einzureißen, und sieht zum Teil den Fortschritt."*

***Knut Splett-Henning und Christina von Ahlefeldt:** „Ich glaube, dass sehr viele Leute, die aus dem Metier sind, immer wieder mit dem Kopf schütteln und sich fragen, was wir da machen. Aber letztendlich erreichen wir doch immer alles und kriegen es irgendwie trotzdem hin. Das sind auch keine normalen Baumaße, das musst du ganz anders denken, hast Lösungen zu finden."*

Die Gutshausretter-Prinzipien:

Alles raus, was nicht hineingehört, und im Handumdrehen Räume bewohnbar machen

Zuerst waren Knut und Christina noch Einzelkämpfer. Aber eines Tages taucht plötzlich ein alter Bekannter auf.

Die Pfennigfuchser von Dersentin

Sönke Johannsen:

„Ich bin wirklich dazugekommen wie die Jungfrau zum Kind. Ich habe den Arm gehoben bei dieser Versteigerung, da waren nur noch ein bis zwei andere Leute, die das Haus auch haben wollten – aber c'est la vie."

Sönke Johannsen, Adriana Acosta und ihre Kinder

6

Sönkes Schicksal hat sein Schulfreund Knut mitbestimmt.

Knut Splett-Henning: *„Sönke und ich haben zusammen in Hamburg die Schulbank gedrückt und auch gemeinsam Abitur gemacht – irgendwann mal, lang ist's her. Wir in Renzow – das hat, glaube ich, Sönke ein bisschen angespornt. Er hat gesagt, wenn du das schaffst, dann kann ich das auch schaffen."*

Sönke hat einen stolzen Preis für Dersentin bezahlt.

Sönke Johannsen: *„Zu viel, ich hätte weniger bezahlen sollen. Das Gutshaus stand mit einem Euro auf der Auktionsliste – und das Endergebnis war wesentlich mehr als ein Euro. Es war nicht sechsstellig, aber kurz davor."*

Der Anfang ist schwer. Und ungemütlich. Auch ein Jahr nach dem Kauf lässt sich nur ein einziger Raum beheizen in Dersentin.

Sönke Johannsen: *„Erst haben wir den Ofen gebaut und um den Ofen ist alles andere entstanden. Dann kamen die Küche, das Wasser. Wir klebten am Ofen!*
Holz hacken, kein nasses, sondern trockenes, den Ofen warmhalten und immer nachlegen ... wir waren nur mit dem Ofen beschäftigt. Und mit essen. Wärme und Essen, das waren die Grundbedürfnisse."

Sönke ist Pharmamanager, seine üblichen Werkzeuge – Computer und Handy – nützen ihm beim Holzhacken nichts. Die Axt ist stumpf – ein hastiger Kauf im Baumarkt.

Vor dem Zubettgehen dann das winterliche Ritual. Aus Argentinien. Auch in der Pampa kann es ziemlich kalt werden.

Adriana Acosta: *„Der Stein. Das habe ich dir beigebracht, weil meine Mutter mir das mal erzählt hat: Man muss mit einem heißen Stein ins Bett gehen, in Zeitungspapier eingewickelt."*

Sönke Johannsen: *„Man muss nur aufpassen, dass das Papier nicht verbrennt, es darf nicht zu heiß sein. Die Wärme speichert sich für acht bis neun Stunden. Man hat halt immer etwas Hartes, aber Warmes im Bett. Wir haben den Stein in die Mitte gelegt. Unter der Bettdecke haben wir uns dann noch um ihn gestritten. Dann haben wir zwei Steine genommen, für jeden einen. Besser als eine Wärmflasche!"*

Adriana Acosta: *„Am Anfang war es kalt, wir waren jung, wir wussten nichts – und jetzt merken wir: Wir haben so viel gelernt. Und wir würden auch viele Sachen anders machen ..."*

„Aber was war das für eine Baustelle."

Sönke Johannsen

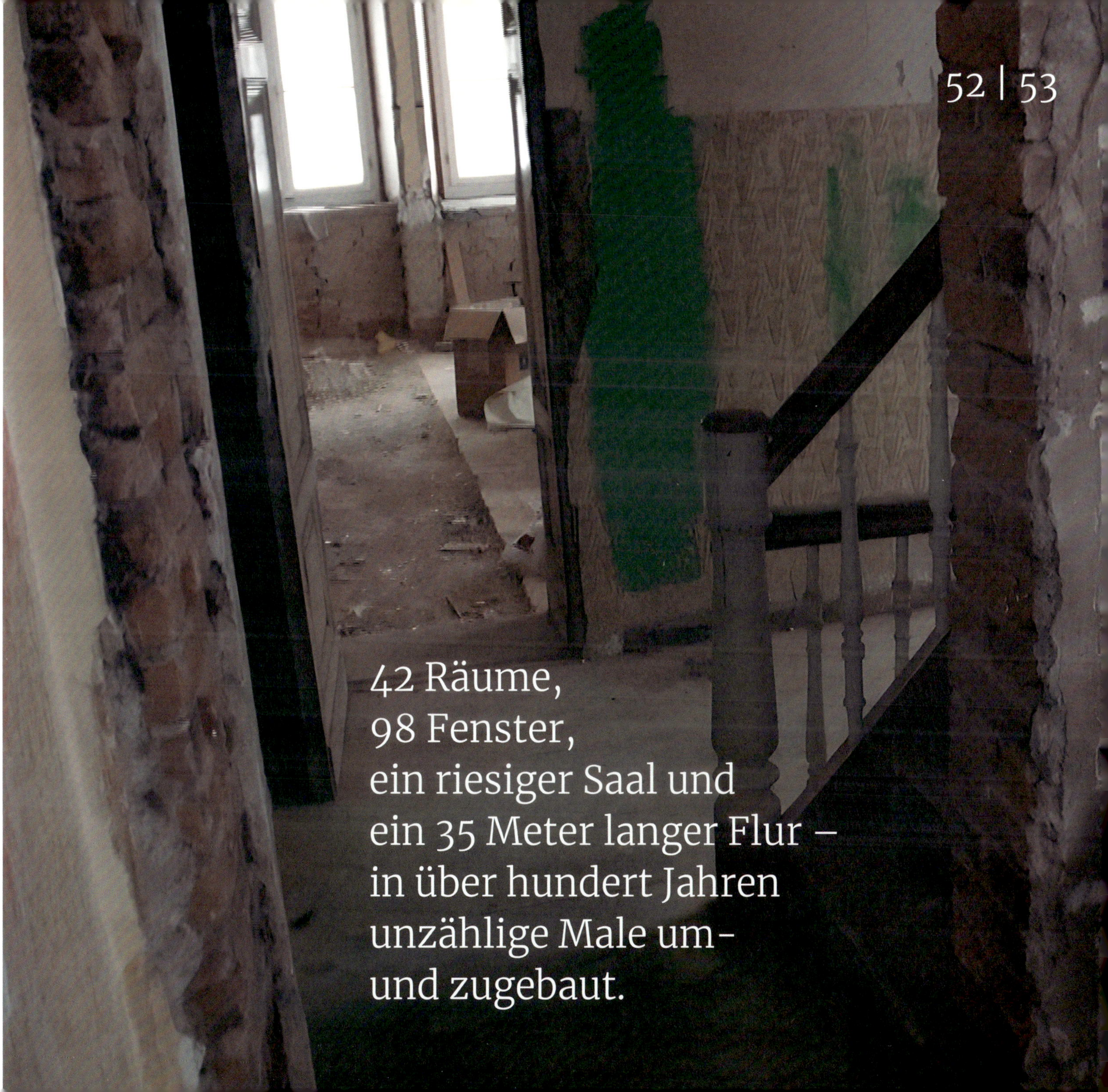

42 Räume,
98 Fenster,
ein riesiger Saal und
ein 35 Meter langer Flur –
in über hundert Jahren
unzählige Male um-
und zugebaut.

Jeder Raum hat seine eigene Farbe – es gab viel zu streichen für Sönke und Adriana … und viel zu lernen. Etwa bei der Fassade.

***Adriana Acosta:** „Die Fassade! Das war ein Riesenthema. Das war alles nicht berechnet. Das war alles nicht mit im Förderantrag, weil wir eben selbst geplant hatten. Du kannst nicht einfach etwas Neues draufmachen. Der Putzer sagte, du musst das Alte erstmal runterholen. Da meinten wir: Gut, machen wir selbst."*

1000 Quadratmeter Putz abschlagen in Eigenleistung. Eine Herausforderung für Mensch und Material.

***Sönke Johannsen:** „Wir haben immer nur unterstes Regal Baumarkt gekauft …"*
***Adriana Acosta:** „… und haben nicht bemerkt, wie viel Zeit eine schlechte Sache fressen kann."*
***Sönke:** „Wer billig kauft, kauft zwei- oder dreimal."*

***Sönke Johannsen:** „Die Schlagbohrer. Von denen hab ich vier oder fünf Stück verbraten. Immer wieder ein Garantiefall. Die haben maximal eine Woche gehalten."*

***Adriana Acosta:** „Es gibt Phasen, in denen man keine Lust mehr hat – und ich hatte diese Phase."*

***Adriana Acosta und Sönke Johannsen:** „Wir haben uns ziemlich zerstritten … wir haben uns auch ein bisschen getrennt. Das Haus ist auch eine Belastung. Es gab nicht nur schöne Momente. Es war, als hätten wir keine Pause. Es gab nichts außer ‚La Dersentina'. Nicht jedes Paar ist geboren für so ein Haus, so ein Haus ist wie ein Dritter im Bett. Man muss gucken, dass er nicht zu groß wird, dieser Dritte. Wir haben nicht umsonst so spät Kinder bekommen, das hatte schon etwas damit zu tun."*

Sie haben aus dem alten Kasten wieder eine kapitale Hütte gemacht. Das hat nicht nur Fördermittel verbraucht und Arbeitskraft verschlungen. Sondern führte auch in eine Beziehungskrise zwischen dem kühlen Norddeutschen und der temperamentvollen Argentinierin. Sie fühlte sich vernachlässigt. Adriana war eifersüchtig – auf das Haus. Zwei Jahre lang kam sie nicht mehr nach Dersentin. Eine Trennung schien möglich.

Aber sie ist zurückgekehrt mit einem Wappen und einem neuen Namen für das Haus. Damit es auch wirklich ein Teil ihres Lebens wird.

„La Dersentina".

Manchmal gibt es auch Diskussionen unter den Gutshausrettern. Über eine Plastiktür zum Beispiel, die vom Saal in „La Dersentina“ zur Freitreppe führt. Und bei der vor allem Sönke Johannsen und Philipp Kaszay unterschiedlicher Meinung sind.

***Sönke Johannsen:** „Lästere nicht über Plastiktüren! Die hat 90 Euro gekostet, das Loch in der Wand musste geschlossen werden, ich habe kein Geld mehr gehabt. Dafür sieht alles andere gut aus. Die Treppe ist perfekt. Pulverbeschichtetes Schmiedeeisen. Man muss auch Abstriche machen.“*

***Philipp Kaszay:** „So etwas gehört in ein Reihenhaus, aber nicht in ein Gutshaus! Und so sieht es auch aus. Jeder soll es so machen, wie er denkt, aber ich find’s nicht so toll.“*

***Knut Splett-Henning:** „Ich würde eine Plastiktür einbauen, wenn das eine provisorische Lösung wäre, für zwei oder drei Monate. Aber Sönke ist da halt pragmatischer.“*

Nach 15 Jahren Arbeit ist das Gutshaus wieder ein gutes Haus.

Die Appartements heißen jetzt „La Pampa“, „Cordoba“ oder „Mendoza“. Aus der chaotischen Baustelle von Dersentin ist „La Dersentina“ geworden. Eine mecklenburger Estancia mit argentinischem Charme.

Der Einzelkämpfer von Kobrow

Philipp Kaszay:

„Das Gute ist, dass ich damals noch nicht alles so genau wusste. Sonst hätte man sich wohl besser nicht darauf eingelassen, so wie normale Menschen das auch machen. Die verdienen zuerst Geld, damit sie sich so etwas leisten können. Und fangen dann erst an. Ist natürlich blöd, wenn man es andersrum macht … eigentlich."

Philipp Kaszay und seine Tochter Paula

***Philipp Kaszay:** „So ein Projekt lässt einen deutlich Haare verlieren.“*

***Ronald van der Starre:** „Er ist auch ergraut über der Arbeit.“*

„Vor zehn Jahren hatte er sogar noch Haare.“

Paula Kaszay

Es stand von Anfang an unter keinem guten Stern. Das Gutshaus im mecklenburgischen Kobrow wurde nur provisorisch fertiggestellt. Der Bauherr Ernst August Wilhelm von Bülow hatte sich vor etwa 150 Jahren komplett übernommen. Er verlor das Gebäude und seine Ländereien. Und es sollte viele Jahrzehnte dauern, bis das Haus wieder in gute Hände fiel.
Schon in den 1930er-Jahren war es kein privates Anwesen mehr, sondern Insolvenzmasse. Erst jetzt entstand das Dorf Kobrow. Eine Landgesellschaft aus Westfalen siedelte das pleitegegangene Gut auf und bebaute es mit Bauernstellen. Ins Gutshaus zogen die Dorfschule und die Verwaltung einer neu gebildeten Genossenschaft ein.
Zu DDR-Zeiten diente es als Dorfkonsum, Poststelle und Kantine der LPG „1. Mai“. Seit den 90er-Jahren stand es leer, verfiel und schien keine große Zukunft mehr zu haben.

Philipp Kaszay aus Ulm kauft 2012 den kaputten Kasten. Er wird angespornt von den Gutshausrettern Knut Splett-Henning und Christina von Ahlefeldt.

Philipp Kaszay: *„Es war nur gut, dass sie mich unterstützt haben, die zwei. Mich in meiner Entscheidung bestärkten, und nicht gesagt haben wie alle anderen: Oh Gott, das darfst Du nie machen.“*

Paula Kaszay: *„Wenn ich mir das jetzt so angucke, dann weiß ich nicht, warum man sowas kaufen muss. Es ist für mich unerklärlich.“*

„Das ist ein Riesenbrocken, dieses ganze Haus.“ *Ronald van der Starre*

Philipp hatte schon in den zwei Jahren vor dem Hauskauf schwer gelitten, musste eine schlimme Prüfung bestehen.

„Mit so einer Bruchbude glücklich zu sein, ist schon ganz schön hart.“ *Philipp Kaszay (2023)*

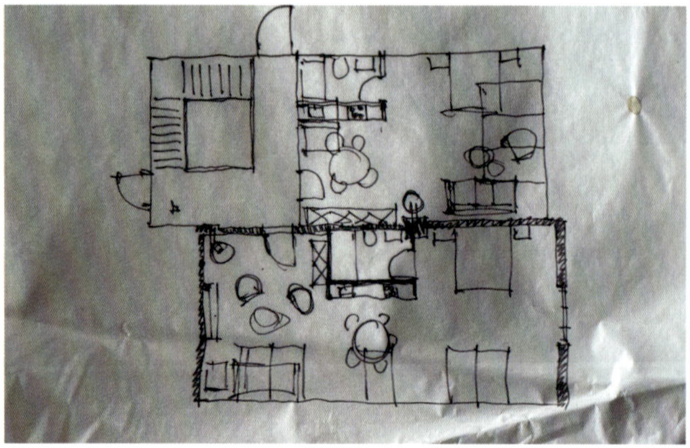

Die Bruchbude ist sein Therapieprojekt – und wird seine Rettung. In seiner Heimat Ulm hatte er mit seiner Frau Claudia eine kleine Familie gegründet. Tochter Paula wurde geboren und wuchs heran. Aber die Geburt ihres zweiten Kindes entwickelte sich zur Katastrophe. Philipp, Paula und ein schwerstbehinderter Säugling blieben zurück.

Der Witwer muss jetzt in die Zukunft schauen. Planen, kalkulieren, gestalten. Philipp ist gelernter Bauzeichner – so wie seine Eltern. Auf zahllosen Blättern skizziert er seine Vision. Die Baustelle fordert seine ganze Phantasie und Kraft. Jeden Tag ist er im Einsatz. Philipp tastet sich ran an die Seele des Hauses.

„Ich bewundere Philipp.“

Sönke Johannsen

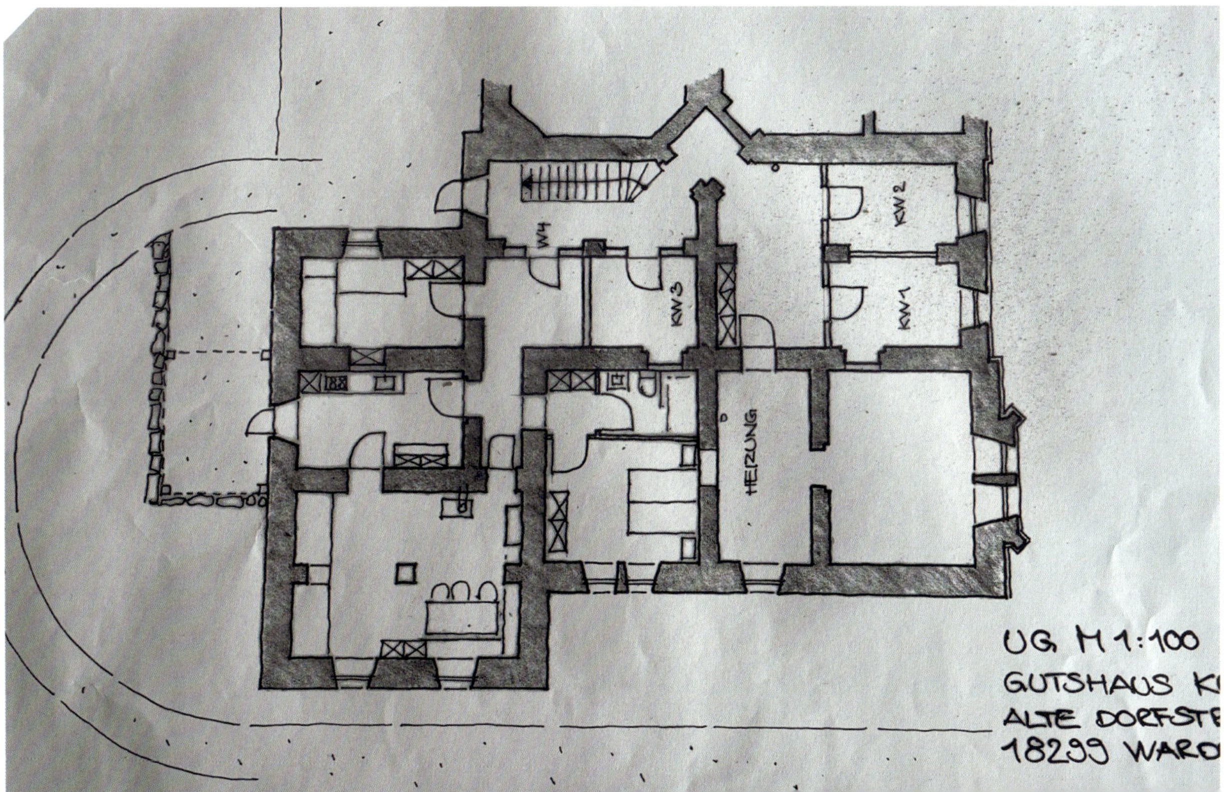

„Das Haus ist vom Grund her supersolide. Die Schäden sind nur durch vierzig, fünfzig Jahre falsche Nutzung entstanden.“ *Philipp Kaszay*

Das riesige Haus am Dorfrand ist viele Jahrzehnte nur noch als Zweckbau genutzt worden. Erst Philipp Kaszay bringt wieder Gutshaus-Gefühl in den geschundenen Bau. Mühsam muss er die alten Strukturen freilegen. Alle Räume sind mehrfach geteilt und völlig verbaut worden. Der neue Besitzer will dem Original so nahe kommen wie es geht. Im Stil der Jahrhundertwende.

Akribisch dokumentiert er den Zustand des Gebäudes. Mit hunderten Fotos. Innen und außen.

Anfangs sind noch viele Fenster zugenagelt ... aber nicht mehr lange. Im Frühjahr 2013 macht Philipp sich und dem Gutshaus ein Geschenk: ein ganzer Schwung nagelneuer Fenster – schmale Rahmen und Sprossen, Antikverglasung, feine Mechanik aus Edelstahl. Höchste Qualität – auch bei den Kosten.

Sönke Johannsen: *„Ich finde es ja bewundernswert, dass Philipp mit seinen Fenstern angefangen hat. Zu Beginn hat man noch Geld, man hat Träume. Und dann fängt er an mit den Fenstern. Das hätte ich niemals gemacht. Alles bröckelt runter, alles ist Murks – und er baut da komplett neue Fenster ein für tausende von Euros."*

Philipp Kaszay fasst 2015 einen Entschluss. Das Haus soll ihn und seine Tochter ernähren – am besten mit der Vermietung von Ferien-wohnungen. Die erste entsteht im Erdgeschoss. Ganz langsam werden Philipps Visionen Wirklichkeit.

Knut Splett-Henning: *„Ich glaube, das ist die schwäbische Art, dass man die Dinge zu perfekt macht und alles supersauber sein muss, geputzt und gewienert und gekehrt. Das ist in so einer Bude nicht möglich. Für Philipp mit seiner schwäbischen Art kostet es mehr Überwindung, Staub zu akzeptieren. Wir haben ihm gesagt: Philipp, du kannst das auch ‚imperfekt' vermieten. Und dann haben wir tatsächlich seine Wohnung online gestellt: ‚Philipps postsozialistische Gutshausbaustelle' – und nach ein paar Tagen waren die ersten Gäste da. Er hat echt Stress gehabt. War für ihn ein Schock. Er musste halt geschubst werden. Wir mussten Schwaben schubsen."*

Philipp Kaszay: *„Gedauert hat es natürlich ewig, weil es immer nur nebenbei ging. Ich habe drei, vier Jahre daran gebastelt. Es war ja nur ein kleiner Teil von der ganzen Hütte."*

Philipp hat gewaltige Sorgen in jenen Jahren. Sein seit der Geburt schwer kranker Sohn Leander stirbt, er muss sich um seine Tochter kümmern, kennt bisher wenige Menschen in Kobrow und Umgebung, die Familie lebt weit weg im Süden …

Mit dem Kick-Start von Knut und Christina beginnt jedoch eine erstaunliche Vermieterkarriere. Das Telefon steht nicht mehr still in Kobrow. Philipps postsozialistische Gutshausbaustelle wird zu einer der meistgeklickten Unterkünfte auf einer internationalen Vermietungsplattform.
Das gibt ihm ordentlich Aufwind. Die Einnahmen investiert er direkt in den Bau.

Philipp Kaszay: *„Das Ganze hat zwischendurch viel Kraft gekostet. Da es nicht nur die Probleme mit dem Haus und mit der Baustelle gab. Sondern dieses Drumherum, mit Grundstücken, dem Kind, dann noch der Prozess, wer schuldig war an der missglückten Geburt. Das Haus war da immer das kleinste, lief nebenbei."*

Der Schwabe ist jetzt endgültig angekommen in Mecklenburg-Vorpommern. Wolken, wogende Felder, Wiesen und Wälder – ein Land zum Leben.

Die Grundstücksfragen sind geklärt,
Gerichtstermine erledigt.
Fünf Ferienwohnungen und einen Salon
im Turm kann Philipp jetzt vermieten.

Das Haus ernährt seinen Herrn. Auch wenn es Baustelle bleiben wird.

Die Unerschrockenen von Dölitz

Knut Splett-Henning:

„Das Haus habe ich immer als sehr, sehr verkanntes Objekt gesehen, weil halt viele Leute Häuser mögen, die Türmchen haben und repräsentativ aussehen."

Ronald van der Starre:

„Ich würde es nicht nochmal machen, glaube ich."

Jeder Winkel atmet Geschichte im Gutshaus Dölitz in Vorpommern. Über 350 Jahre ist es alt. Eine Zukunft für das Anwesen konnte sich bis vor kurzem allerdings noch kaum jemand vorstellen … Im Dorf hatten sie schon fast vergessen, dass im dichten Gestrüpp hinter dem Teich eine riesige Ruine stand – verlassen und vermodert. Aber einen gibt es, dem das Haus keine Ruhe lässt. Über Jahre fährt er immer wieder vom nahen Rensow hierher. Weil er erkannt hat, dass dieses Gebäude etwas Besonderes ist: Knut Splett-Henning. Der Gutshausretter.

***Knut Splett-Henning (2014):** „Wir sind hier am Rande von Nirgendwo. Und da hat sich halt keiner gefunden, der sich des Hauses annehmen möchte. Mal gucken, wie die Substanz ist oder was überhaupt zu retten ist.“*

***Philipp Kaszay:** „Wenn man die Bilder von früher sieht … Da hätte ja keiner geglaubt, dass man noch etwas damit machen kann und jemand es machen will.“*

Knut Splett-Henning (2023): *„Man konnte von unten in den Himmel gucken – und das ist meist kein gutes Zeichen für ein Haus. Das ist als wenn dir die Schädeldecke fehlen würde.“*

Philipp Kaszay: *„Wenn Bäume im ersten Stock auf dem Fußboden wachsen, ist das natürlich ideal: Zimmergrün hat man ja gerne.“*

Knut Splett-Henning (2023): *„Philipp hatte uns zu dem Zeitpunkt für komplett verrückt erklärt. Er hat gesagt: Was soll der Blödsinn? Macht doch erstmal euer Haus fertig! Glücklicherweise hat Christina so einen ähnlichen Knall wie ich und sah keine so großen Probleme darin. Sie hat ja auch einen Mann ohne Schädeldecke geheiratet.“*

Knut Splett-Henning und Christina von Ahlefeldt erkennen nach dem ersten Aufräumen: Das Haus aus dem Spätbarock ist ein Rohdiamant. Aus dem man etwas machen kann – wenn sich bloß einer finden würde, der sich an die Aufgabe herantraute. Allerdings braucht es sehr viel Vorstellungskraft, um dem riesigen, verlotterten Bau eine Chance zu geben.

Sie machen sich auf die Suche nach einem unerschrockenen Gutshausretter.

Knut Splett-Henning und Christina von Ahlefeldt: *„Wir haben Gäste, die nach Gutshäusern fragen. Und dann sagen wir ihnen: Da ist ein Haus – so auch im Fall von Dölitz. ‚Man braucht aber auch viel Phantasie, um zu sehen, dass der Bau etwas Tolles ist.‘ Und dann sagen jene, die uns gefragt haben: ‚Wir haben so viel Phantasie, wir können uns alles vorstellen.‘ Kommen sie jedoch nach der Besichtigung zurück, dann hören wir: ‚Was ist das für ein Haus? Das muss doch abgerissen werden‘ … Und drehen auf dem Hacken um.“*

Christina von Ahlefeldt: *„Daraufhin hat Knut gesagt: Wir müssen das selbst machen, weil es sonst nichts bringt, keiner fasst dieses Haus an.“*

Die beiden kratzen ihre letzten Euro zusammen, kaufen das tot geglaubte Gutshaus und richten es provisorisch ein – mit Mobiliar aus der eigenen Küche. Und sie hübschen die Räume in Dölitz auf. Mit ihrer bewährten, schnell Wohnlichkeit hervorrufenden Methode.

***Philipp Kaszay:** „Bisschen Deko an die Wand – und schon sieht es fast fertig aus, so, als könne man darin wohnen."*

***Sönke Johannsen und Adriana Acosta:** „Die Geweihe wandern von Haus zu Haus. Dieses Design – auch das Stillleben mit dem Tisch und den Äpfeln. Verkaufs-Design. Die machen das genau richtig."*

***Philipp Kaszay:** „Knut schleppt die ganzen Sachen an und Christina macht sie dann hübsch. Das ist schon eine ideale Ergänzung."*

Zur gleichen Zeit beherbergen sie zuhause in Rensow einen Gast aus Potsdam – einen Architekten. Mal wieder einer, der sich für Gutshäuser interessiert. Und einer, der friert!

Ronald van der Starre beißt an und übernimmt die Gutshausruine von Dölitz. Während er dort baut, wohnt er mit seiner Familie noch ein Jahr bei Knut und Christina auf deren Grundstück – in einem alten Schnitterhaus. Dann ziehen sie ein: Ronald, die drei Pflegekinder – und auch sein Lebenspartner Roland Tschersche, der allerdings weiterhin viel in Köln lebt, dort seine Arbeit hat. Der frische Lehmputz an den Wänden ist noch restfeucht, die eilig herbeigeschleppten Paletten, die erst einmal als Bettgestelle dienen müssen, sind nass.

Die unerschrockene und ungewöhnliche Familie unterstützen Bewunderer und Bauhelfer aus der Nachbarschaft.

„In dem Winter waren wir bei Knut, und er konnte das Gas nicht mehr bezahlen, weil er das Haus in Dölitz gekauft hatte."

Ronald van der Starre

Ali, Pflegekind von Ronald van der Starre: *„Verrückt muss man nicht sein, aber man ist verrückt. Jeder ist, glaube ich, verrückt."*

Ronald van der Starre: *„Ich würde mich nicht als verrückt bezeichnen. Dich vielleicht. Aber doch nicht mich."*

Ali: *„Doch, du bist auch verrückt."*

Ronald: *„Ach so, ich bin auch verrückt."*

„Dieser Enthusiasmus, den die Leute am Anfang haben, ist immer schön … … bis die Realität ankommt."

Philipp Kaszay

Ali: *„Das Bett war schrecklich. Mit Paletten – das geht nicht. Ich bin kein Paletten-Bett-Mensch."*

***Ronald van der Starre (2014):** „Plötzlich dieser irrsinnige Kälteeinbruch, da war es eklig im Haus. Es war nicht schön: morgens aufstehen und erstmal anheizen müssen. Aber mittlerweile halten wir die Temperatur bei 15/16 Grad in den Räumen, in denen wir wohnen, und haben ein paar Öfen. Und der Schornstein funktioniert schon. Jetzt freuen wir uns, dass es so ist, wie es ist."*

***Ronald van der Starre (2023):** „Das Haus war kühl, auch im Sommer. Und wir wussten nicht, ob wir es schaffen, bis zum Winter die Heizung hineinzukriegen."*

Die ersten Monate übersteht die Familie nur mit großen Entbehrungen. Sie hoffen auf einen entspannten Sommer auf dem Land, aber der wird nur kühl und nass.

Mit Phantasie, Fachwissen und äußerst behutsam repariert Ronald van der Starre das Gutshaus von Dölitz. Stück für Stück, Stein für Stein, Raum für Raum. In die alte Räucherkammer baut er ein Badezimmer. Das Foyer bekommt wieder einen Durchgang zum Gartensalon.
Es ist sehr viel, das er bedenken muss.

***Ronald van der Starre:** „Ich muss entscheiden, wie das Haus vielleicht die nächsten 150 Jahre aussieht, insofern muss ich mir tatsächlich mehr Gedanken machen und weit nach vorne denken."*

Ronald van der Starre repariert nur, was kaputt ist. Der Rest darf so bleiben, wie er ist. An der Fassade wird erst einmal kaum etwas verändert. Das sorgt für Unruhe im Dorf. Weil keiner die Fortschritte sieht, die es im Inneren des Gutshauses gibt. Der alte Gutspark und die zum Haus führende Lindenallee, gestalterisch Teil der Gutsanlage, gehören der Gemeinde. Die setzt plötzlich ein Zeichen – einen neuen Zaun, auf der Grundstücksgrenze.

***Ronald van der Starre:** „Mecklenburg rühmt sich ja immer, 2000 Gutshäuser zu haben, aber wir spielen gar keine Rolle. Häuser wie die von Knut oder Philipp haben zwar keine große Zahl an Touristen, die sie beherbergen, aber sie sind trotzdem relevant fürs Land. Und es gibt ja nicht nur uns, es gibt ja hunderte von anderen Häusern, die so arbeiten wie wir.“*

Widerstände, Verluste. Die Beziehung zu Roland Tschersche scheitert. Ronald van der Starre muss seinen Traum allein verwirklichen. Und hat ungeahnte Probleme zu lösen. Probleme, deren Ursachen manchmal lange zurückliegen.
Vorlieben und die Fassadendämmung vor 150 Jahren zum Beispiel: Die Fachwerkaußenwand, nur 20 Zentimeter dick, hielt die Wärme nicht im Haus. Und Fachwerk galt ohnehin als nicht schön, zu „billig“. Also setzte man eine zweite Wand, diesmal aus Zementputz, vor die alte. Ein schwerer Baufehler. Denn das Gebäude atmete nicht mehr, die Holzbalken im Fachwerk begannen zu vermodern.
Bald ist klar: Es genügt nicht allein, den Putz zu beseitigen. Denn tragende Wände haben ihre Stabilität verloren. Aus einer geplanten kleinen Reparatur wird eine große.

***Ronald van der Starre:** „Im Grunde wurde es immer schlimmer. Aber es war klar, am Ende wird's immer besser. Wir haben immer weiter gemacht, weil es keinen Zweck hatte, aufzuhören und zu sagen: Wir machen erstmal nur ein kleines Loch. Zum Schluss standen 30 Drehsteifen im Gartenzimmer, weil sich das ganze Haus, seine ganze Mitte auf diesen Raum stützte – der plötzlich keine Wand mehr hatte. Das war nicht lustig. Bei jedem Knacksen ... Irgendwann fiel mal ein Blumentopf hinunter, dann dachte ich: Oh Gott, jetzt ist die Decke runtergepurzelt. Es ist aber zum Glück nichts passiert.“*

„Das ist so ein toller Raum geworden. Ronald, Hut ab."

Knut Splett-Henning

Am Ende wird alles gut. Das Gartenzimmer mit seinen vielen Fenstern hat ein neues Fachwerk und eine stabile Außenwand bekommen. Und durfte seine Patina behalten.

***Ronald van der Starre:** „Ich will ja, dass es wirkt wie 350 Jahre alt, dass es sein Alter nicht verbergen muss. Ich weiß nicht, wie viele alte Häuser neu gestrichen und gefliest werden; und man könnte genauso gut so ein Ding neu hinstellen und viele würden auch ‚Ah‘ und ‚Oh‘ sagen. Aber ich finde, die ‚Ahs‘ und ‚Ohs‘, die bei mir im Haus gesagt werden, sind am Ende wertvoller, als dass eine Husse über den Stuhl gezogen ist.“*

Das Anwesen in Dölitz ist auf einem guten Weg – dank eines Gutshaus-retters, den selbst Rückschläge nicht von seinem Ziel abbringen.

Die Feinsinnigen von Scharpzow

Nina Hollensteiner:

„Es ist am Ende nur ein Haus und wie man dem Haus begegnet, wie sehr man es zu seiner Lebensrealität macht. Es ist halt ein kaputtes Haus, es muss repariert werden. Und dazwischen gibt es viele Schritte, erfreuliche und nicht erfreuliche.“

Ein herrschaftliches Haus im Grünen, vollunterkellert. Reparaturbedürftig. Preis nach Vereinbarung. So die Annonce. Das verlassene Gutshaus von Scharpzow scheint genau das zu sein, was die Stylistin Nina Hollensteiner aus Bielefeld und ihr Freund Vincenzo aus Mailand suchen.
Die beiden kaufen das Anwesen, zahlen dafür eine sechsstellige Summe. Schon länger träumen sie von einem herrschaftlichen Haus, mit Saal und vier Meter hohen Decken. Der Traum könnte nun Wirklichkeit werden – und eine Ruine zu einer Residenz, zu einem Ort für Kreative.
Sie wissen, dass es Probleme geben wird. Aber sie ahnen nicht, wie schlimm diese sein werden. Ihr Haus gerät beinahe zur Katastrophe. Unter Verschalungen entdecken sie gewaltige Schäden. Schwamm, Hausbock, Schimmel, massenweise verfaulte beziehungsweise nur noch in Spuren vorhandene Balken.

***Philipp Kaszay:** „Sie hatten natürlich schon Pech mit der Hütte. Nina hat eben auch gemerkt, dass das kein Spaß ist. Viele andere hätten da aufgegeben."*

***Nina Hollensteiner:** „Wenn wir jedes Mal Panikattacken und Angstausbrüche bekommen, sobald wir einen neuen Schaden sehen, dann rennen wir hier schreiend raus. Deswegen machen wir das alles ganz pragmatisch: Das sieht schlecht aus, das muss ersetzt werden."*

Besonders das Dach erweist sich als marode. Balken müssen – wenn überhaupt noch welche vorhanden sind – ausgetauscht oder gänzlich neu eingefügt werden, die Deckung ist komplett zu ersetzen. Da bleibt einem manchmal nur noch ein Hauch von Sarkasmus.

Nina Hollensteiner: *„Ich fände es auch als eingeschossiges Haus ganz schön. Wir können immer noch ein schön modernes, eingeschossiges Haus daraus machen oder vielleicht einfach irgendwas anderes daraufsetzten, wenn wir das komplett abgerissen haben."*

Ronald van der Starre: *„Mit Flachdach wär's auch ganz schön."*

Nina Hollensteiner: *„Es wird garantiert immer noch etwas kommen, aber man lernt natürlich, damit umzugehen. Mich hat es mehr und mehr gepackt, das Haus fertig zu sanieren. Aufzuhören fand ich weniger interessant. Weiterzumachen, egal was kommt, fühlt sich richtig an."*

Sie machen weiter. Nina und Vincenzo. Reparieren, beseitigen Vermodertes, setzen neue Fenster ein. Haben Pläne. Sind, trotz aller Widrigkeiten, standhaft. So zumindest wirkt es. Bis von einem Tag auf den anderen nur noch Nina Hollensteiner im Gutshaus Scharpzow steht. Allein mit allen Problemen, verlassen nicht nur von einem Mann, sondern auch von einer Hoffnung auf Gemeinsamkeit.

Nina Hollensteiner: *„Er ist abgehauen. Klare Sache. Und das ist dann auch so. Vincenzo hat vielleicht gemerkt, dass ihn das hier nervös macht."*

„Wo der eine Weg endet, beginnt ein neuer." *Nina Hollensteiner*

Auch dann, wenn es erstmal alles noch viel schlimmer kommt? Partner weg. Corona-Krise. Schlechtes Wetter. Und dann steht eines Tages auch noch das Gutshaus ohne Dach im kalten und vor allem nassen Sommer 2020.

***Nina Hollensteiner:** „Vincenzo war weg und das Dach war auch weg … Aus irgendeinem unerklärlichen Grund hatte der Dachdecker das gesamte Dach abgedeckt, aber nur zur Hälfte abgeplant. Und danach hat es fünf Wochen geschüttet wie aus Eimern. Ich habe den Dachdecker angerufen und gefragt, wie das sein kann, es regne rein. Und er meinte: ‚Das Scheißdach, die Plane, das reicht nicht.' Er hatte keine Lösung. Ich wollte die Treppe hochgehen und mir kam ein reißender Fluss entgegen. Das Wasser lief im Treppenhaus runter. Es regnete überall rein und es ging alles wieder kaputt."*

***Nina Hollensteiner:** „Man verliert schnell die Motivation, wenn man plötzlich in ein ganz neues Metier wie die Sanierung eines Hauses eintaucht. Das kann einen schnell auch sehr unglücklich machen. Aber ich hatte keinen Nervenzusammenbruch, sondern in dem Moment eher ein völliges Unverständnis. Mir war dann völlig klar: Die Wahl des Dachdeckers war nicht die richtige gewesen, das Haus war zu groß für seine Plane."*

Aber Nina Hollensteiner hat Glück. Das Gutshaus von Scharpzow ist ein sehr robuster Backsteinbau, erst knapp 130 Jahre alt. Sorgfältig entworfen und geprüft von einem großherzoglichen Baumeister.
Und das Gebäude hat auch Glück, denn seine neue Eigentümerin ist eine hartnäckige Frau. Sie, die studierte Künstlerin, besinnt sich auf ihre Kernkompetenz und beginnt zu gestalten. Mit vielen kleinen Collagen entwirft sie ihre Vorstellung vom Inneren des Hauses, Raum für Raum.

Und ganz langsam werden diese Ideen umgesetzt.

Manchmal gibt es aber auch Zwischenstufen. Modelle – die nie verwirklicht werden. Etwa jenes zu einem Badepalast, das Nina Hollensteiner jedoch nicht mehr allein entwickelt. Zufällig trifft sie in Berlin einen alten Studienfreund aus der Kunsthochschule wieder: Albrecht Pischel – einen Sachsen. Die beiden mochten sich schon immer gern. Sie ziehen durch die Bars und denken sich dabei für das Gutshaus ein verrücktes Badezimmer aus. Eine 1:1 Styropor-Version entsteht, damit man ahnen kann, wie es einmal aussehen könnte – und dann doch nie aussehen wird.

Nina Hollensteiner: *„Ich hatte diese Badetempel im Kopf, in denen Leute einfach in der Badewanne sitzen, reden. Und wir dachten, wir könnten vielleicht Badewannen-Lectures machen, kulturelle Abende in der Badewanne. Ist ja im Winter so kalt, die Badewanne ist warm …"*

Philipp Kaszay: *„Man kann das natürlich belächeln. Wenn die Hütte so einen Zustand hat, wie kommst du dann auf die Idee, dir ein derartiges Bad basteln zu wollen. Aber sowas mache ich ja auch. Nicht in dem Stil, aber mit dem Ziel, jetzt muss mal wieder was Schönes passieren."*

Ronald van der Starre: *„Man könnte jetzt sagen, dass sie das Pferd von hinten aufzäumt, aber warum? Man muss sich ja zwischendurch auch mal was gönnen, wenn man die ganze Zeit nur im Dreck wühlt."*

Philipp Kaszay: *„Sich immer nur mit hässlichen schimmligen Balken zu beschäftigen, das ist nicht schön. Und es gibt einen Haufen Probleme in den Häusern. Da kann man auch mal eine Styropor-Tapete an die Wand machen."*

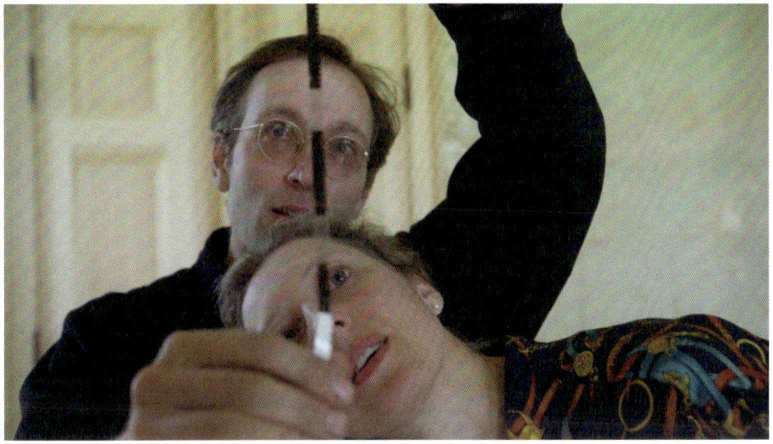

Das Styropor-Bad verschwindet. Albrecht Pischel kommt. Zieht ein in das Gutshaus in Scharpzow, direkt auf die Baustelle. Und bleibt!

Nina Hollensteiner: *„Was ich nie gedacht hätte: Wie sehr sich Albrecht dann doch für das Haus begeistern konnte. Man hat gemerkt, das passt. Und ich hatte ein bisschen das Gefühl, dass er und das Haus sich unabhängig von mir ineinander verliebt haben."*

Albrecht Pischel: *„Es hat ja auch etwas Romantisches, mit so einer Baustelle zu leben. Ich glaube, das verbindet sich ein Stück weit auch mit der romantischen Liebe, verschmilzt alles ein Stück weit."*

Wohnen und Bauen verschmelzen nun in Scharpzow. In drei Räumen im Erdgeschoss lässt es sich mittlerweile schon aushalten. Das Gutshaus ist jetzt Heimat. Das Dach ist dicht. Die Geschossdecken sind wieder verschlossen. Sogar eine ordentliche Gutsküche entsteht und im Obergeschoss eine kleine Bar.

Und erste Feriengäste übernachten im Guts- park – mit Abstand, Privatsphäre und direkt in der Natur: in romantisch eingerichteten Zelten mit richtigen Betten – Glamarous Camping, kurz Glamping, erfreut sich großer Beliebtheit, auch in Scharpzow.

Die Hausbar zieht im Sommer nach draußen. Einmal im Monat laden Nina Hollensteiner und Albrecht Pischel zur sogenannten Vollmondbar nach Scharpzow – ein beliebter Treff für Nachbarn und andere Gutshausretter. In dieser Atmosphäre kommt man sich näher und schnell ins Gespräch. Pläne werden geschmiedet und Ideen ausgetauscht. Und die Gemeinschaft spendet eine Menge Trost.

***Nina Hollensteiner:** „Das ist proaktives Stressmanagement. Daseinsfürsorge für alle. Man muss auf dem Land Angebote schaffen, man kann ja nicht so einfach konsumieren wie in der Stadt. Und dann dachten wir: Vollmond, da können wir beide ohnehin nicht so gut schlafen. Also lass uns doch jeden Monat zu Vollmond alle einladen, mit uns wach zu sein."*

***Philipp Kaszay:** „Man trifft Gleichgesinnte. Man kann sich über ähnliche Probleme austauschen, man kommt mal aus der eigenen Bruchbude raus."*

„Es gibt immer mehr Spinner, die hier ankommen. Und für mich ist das Wort ‚Spinner' ein positives Attribut. Und es sind nicht alte Zausel mit Paketen voller Geld – das wäre weniger spannend."

Knut Splett-Henning

Der Autor

Steffen Schneider, geboren 1967 in Crivitz, lebt in Rostock, war journalistisch tätig, bevor er Mitte der 90er-Jahre ins Fernsehfach wechselte. Er arbeitet v. a. für den öffentlich-rechtlichen Rundfunk und als Kommentar- oder Synchronsprecher. Im Hinstorff Verlag publizierte er bereits die Bücher „Mit Mut, Mörtel und ohne Millionen – Band 1: Über das Abenteuer, in einem Gutshaus zu leben" und „Mit Mut, Mörtel und ohne Millionen – Band 2: Abenteuer Baustelle – von Gutshausrettern und guten Handwerkern".

Bildnachweis

© Christina von Ahlefeldt/Knut Splett-Henning (www.gutshaus-rensow.de) – Seiten 18 (Mitte und rechts), 19, 50 (oben)
© Eva Maria Buchholz – Seiten 121 (links), 122 f.
© Nina Hollensteiner (www.scharpzow.com) – Seiten 110–116, 118, 119 (unten), 120 (links)
© Philipp Kaszay (www.gutshaus-kobrow.de) – Seiten 68 (links), 70–74
© Madlen Krippendorf (www.krippendorf.photo) – Seiten 12 (unten), 39
© Norddeutscher Rundfunk (www.ndr.de) – Seiten 4, 5, 13 f., 15 (oben), 18 (links oben und unten), 20–22, 24–31, 38, 42–49, 54–57, 66, 68 (Mitte), 69, 75–77, 88–99, 118 (oben), 120 (rechts), 121 (rechts und unten), 124 f.
© Heiko Sander – Seiten 50 (unten), 51–53
© Steffen Schneider (www.steffenschneider.net) – Cover; Seiten 1, 2, 6–11, 14, 15 (unten), 16, 23, 32–37, 40 f., 58–65, 78–87, 100–109, 117, 126; Rückcover

Die Filme der Fernsehreihe „Mit Mut, Mörtel und ohne Millionen" sind in der ARD Mediathek abrufbar (www.ardmediathek.de).

Autor und Verlag danken „Populärfilm" für die Zusammenarbeit bei der Entstehung des Buches.

Liebe Leserin, lieber Leser! Wie hat Ihnen die Lektüre gefallen? Bitte bewerten Sie das Buch im Internet.

Die Deutsche Bibliothek verzeichnet diese Publikation in der Deutschen Nationalbibliografie; detaillierte bibliografische Daten sind im Internet über www.dnb.de abrufbar.

Lagerstraße 7, 18055 Rostock
Tel. 0381/4969-0
www.hinstorff.de

1. Auflage 2023
Herstellung: Hinstorff Verlag GmbH
Lektorat: Thomas Gallien
Titelgestaltung und Layout: Silke Herr
Druck und Bindung: Grafisches Centrum Cuno GmbH & Co. KG
Printed in Germany
ISBN 978-3-356-02476-0